Лес
Речка
Поворот
Горка
Город

Литературно-художественное издание
Для детей до трех лет

Анастасия Орлова

ГРУЗОВИК, ПРИЦЕП И НОВОГОДНЯЯ ЕЛКА

Художник О. ДЕМИДОВА
Дизайн обложки В. И. НИКАНДРОВОЙ
Ответственный редактор П. П. ЛЕМЕНИ-МАКЕДОН
Художественный редактор М. В. ПАНКОВА
Технический редактор А. Т. ДОБРЫНИНА
Корректор Л. А. ЛАЗАРЕВА
Верстка Е. В. ТЕ

Подписано в печать 10.10.18.
Формат 70×100 1/12. Бумага офсетная.
Печать офсетная. Усл. печ. л. 3,9.
ID 35466. Заказ № 8121/18.

www.rosman.ru

ООО «РОСМЭН».
Почтовый адрес: 127018, г. Москва,
ул. Октябрьская, д. 4, корп. 2. Тел.: (495) 933-71-30.
Юридический адрес:
117465, г. Москва, ул. Генерала Тюленева,
д. 29, корп. 1.

ОТДЕЛ ПРОДАЖ:
(495) 933-70-73; 933-71-30;
(495) 933-70-75 (факс).

Дата изготовления: ноябрь 2018 г.
Отпечатано в России.

В соответствии с Федеральным законом
№ 436-ФЗ от 29 декабря 2010 г. книга
маркируется знаком 0+

Отпечатано в соответствии с предоставленными материалами
в ООО "ИПК Парето-Принт", 170546, Тверская область
Промышленная зона Боровлево-1, комплекс №3А
www.pareto-print.ru

Әдеби-көркем басылым
3 жасқа дейінгі балаларға арналған
Өндірілген күні: қараша 2018.
Ресейде басылған.
Өндіруші: "РОСМЭН" ЖШҚ, Ресей, 117465, Мәскеу, Генерал Тюленев көшесі, 29-үй, 1-корпус.
Наразылықтарды қабылдауға уәкілетті тұлға: "РОСМЭН" ЖШҚ.
Пошталық мекен-жайы: Ресей, 127018, Мәскеу, Октябрьская көшесі, 4-үй, 2-корпус. Телефон: +7 (495) 933-71-30.
www.rosman.ru
Заңды мекен-жайы: Ресей, 117465, Мәскеу, Генерал Тюленев көшесі, 29-үй, 1-корпус.
Тауар сертификатталған. КО ТР 007/2011 сәйкес келеді

Орлова, Анастасия Александровна.
О-66 Грузовик, прицеп и новогодняя елка : сказка / А. А. Орлова ; худож. О. Демидова. — М. : РОСМЭН, 2019. — 36 с. : ил.

«Грузовик, прицеп и новогодняя елка» — третья история про полюбившихся всем малышам героев книги «Это грузовик, а это прицеп» молодой писательницы Анастасии Орловой.

Сегодня Новый год. У грузовика и прицепа важная миссия: привезти елку на центральную площадь. А на пути и кочки, и ямки, и сугробы, и настоящая метель... Неужели город останется без елки? Конечно нет! Грузовик и прицеп преодолеют все трудности, а друзья им помогут.

ISBN 978-5-353-08947-6

УДК 821.161.1-34-93
ББК 84(2Рос-Рус)6

ЕАС

Анастасия Орлова

Грузовик, прицеп и новогодняя ёлка

Художник Ольга Демидова

МОСКВА • РОСМЭН • 2019

Сегодня последний день декабря. Утром темным-темно в гараже. Но грузовик уже на колёсах. Надо ехать на работу — привезти ёлку на площадь в городок.

А прицеп спит.

Даже собака спит.

Жалко грузовику будить прицеп. Но что поделаешь, никак без прицепа не обойтись, ёлка длинная.

— Би-бик! — сигналит грузовик потихоньку.

— Гав-гав! — проснулась собака.

А прицеп спит.

— **Би-би-би!** — сигналит грузовик погромче.
— **Гав-гав!** — помогает собака.
А прицеп спит.
— **Би-би-би-би!** — сигналит грузовик изо всех сил.
— **ГАВ-ГАВ-ГАВ-ГАВ!** — старается собака.
И прицеп наконец шевельнулся.
— Би-би! Поехали на работу! — говорит грузовик.
— Не-е-ет, я спать хочу! — говорит прицеп.

— Би-би-би! Но на работу надо! Цепляйся скорее! — удивляется грузовик.

— Не-е-ет, я спать хочу! Поехали завтра! — отворачивается прицеп.

— Би-би-би-би! — заводится грузовик. — Но праздник сегодня! Поехали быстрее! Мы опаздываем!

— А я спа-а-ать хочу!

НЕ ПОЕДУ-У-У!

НЕТ! НЕТ! НЕТ!

Чуть было не потерял терпение грузовик, но у него появилась идея. Говорит он нежно:

— А поехали, я тебя с горки прокачу...

— С какой горки? — заинтересовался прицеп.

— С какой горки? Да с самой высокой горки! Так прокачу! Знаешь, как мы поедем? У-у-у-у, как мы поедем! С ветерком! Да что там с ветерком! С ветром! С ураганом!

Прицепился прицеп. А грузовику только того и надо.

«Ничего. Как-нибудь выкручусь», — успокаивает себя грузовик.

И грузовик с прицепом выехали из гаража.

А на улице хоть и утро, а совсем ночь — темнота.

— У-ау! — зевает прицеп.

Но грузовик бодро тянет прицеп за собой.

А на улице — брр! Вот это мороз. Колёса у прицепа сразу озябли. А кузов покрылся инеем.

А снегу навалило! Еле-еле пробираются грузовик с прицепом.

Справа сугроб.

Слева сугроб.

Едут они, едут. А навстречу...

...СНЕГОУБОРОЧНАЯ МАШИНА — ЦОП-ЦОП-ЦОП! —

лапами снег загребает. Дорогу чистит.
Прицеп глаз отвести не может. А грузовик и рад,
что прицеп про горку забыл.

Едут они, едут. А на перекрёстке...

…**БУЛЬДОЗЕР** двигает целую снежную стену.
Прицеп восхитился:
— Вот это силач!
Грузовик доволен. Даже полюбовался с прицепом на бульдозер.

Едут они, едут.
А впереди…

...КОЧКА!

— Горка! Горка! — кричит прицеп.

— Где горка? — пугается грузовик. — Ах, норка. Норка — это подземный гараж для грызунов. Мышам там удобно парковаться...

А сам тащит прицеп дальше. Едут они, едут.

— А скоро горка? — спрашивает прицеп.

«Угораздило же встретить эту убогую кочку», — сердится грузовик. А сам говорит:

— Уборка? Уборка нужна! Снегоуборочная машина сгребает снег, а летняя уборочная машина чистит дорогу щётками. А помнишь машину-пылесос?

А сам тащит прицеп дальше.

Едут они, едут. И вот...

...ПИТОМНИК. Тут выращивают новогодние ёлки.

Но как ёлку погрузить?

Что это за быстрый звук вдалеке?

Пыр-пыр-пыр-пыр-пыр-пыр!

А быстрый звук приближается:

ПЫР-ПЫР-ПЫР-ПЫР-ПЫР-ПЫР!

Ух ты! Да это вертолёт!

А внизу на тросах что-то болтается...

Груз!

Никогда прицеп не видел вертолёт! Что там у него над головой крутится? А звук совсем громкий стал:

ПЫР-ПЫР-ПЫР-ПЫР-ПЫР-ПЫР-ПЫР!

Завис вертолёт над грузовиком с прицепом.

Ух, какой вихрь поднялся! А снег — ФУХ! — разлетелся во все стороны!

И в грузовик с прицепом — ПУМС! — что-то упало.

Грузовик присел. И прицеп присел. Тяжёлый груз. Длинный.

М-м-м-м-м, как пахнет вкусно... Лесом!

Да это же ёлка!

Ножка легла в грузовик. Серединка в прицеп.

А верхушка с прицепа свешивается.

А на самой макушке красная тряпочка привязана, чтобы другие машины тоже видели ёлку.

Потому что это не просто груз —

ЭТО ДЛИННОМЕРНЫЙ ГРУЗ!

Едет грузовик по дороге и прицеп за собой тащит.

А ёлка — **кач-кач** — в прицепе. И красная тряпочка — **кач-кач** — над дорогой.

Тяжело прицепу, а грузовику ещё тяжелее. Только не от груза, а от тяжёлых дум: как ёлку вовремя привезти?

А город ещё далеко. А на дороге гололёд. Только бы не опоздать. А тут и снег опять пошёл. И метель метёт.

Ох, как холодно! Ох, как трудно! Фары залепило — почти ослеп. «Дворники» в снегу вязнут.

Едут они, едут.

Едут они, едут.

Едут они, едут.

И тут прицеп говорит:

— А где горка?

Вздрогнул грузовик.

— Корка, говоришь? Ледяная корка на дороге после оттепели бывает... — пыхтит грузовик.

— Горка! — говорит прицеп. — Горка! Где горка?

— Ах, горка! Да вон за тем лесочком! — говорит грузовик, скрипя кузовом. — А ты знаешь, каким топливом вертолёты заправляют? Керосином. А ещё авиационным бензином. Вот бы попробовать когда-нибудь!..

А сам тащит прицеп дальше.

Едут они, едут. А на обочине...

...ФУРА. Стоит несчастная, совсем продрогла.

ТЫР-ТЫР-ПШ...
ТР-ТР-ПШШ... —
не заводится.

Аккумулятор на морозе разрядился!

Грузовик останавливается. Нужно помочь!

А прицеп недоволен: он на горку хочет.

Грузовик отцепил прицеп, прицепил фуру.

Дёрнул фуру — фура завелась.

— **Спасибо!** — говорит фура.

Едет грузовик и прицеп за собой тащит. Чем ближе лес, тем грузовик медленнее едет.

Доехали до лесочка.

— Где же горка? — говорит прицеп.

— Э-э-э, — не сдаётся грузовик, — вон за тем мосточком!

Едут они, едут. А впереди...

...ТЯГАЧ. Не может сдвинуться с места — колесо спустило.

Останавливается грузовик. Нужно помочь! А прицеп сердитый ждёт. Он на горку хочет.

ФЫХ-ФЫХ-ФЫХ! — накачал колесо тягачу.

— **Спасибо!** — говорит тягач.

Поехали дальше. Чем ближе мост, тем грузовик медленнее едет. Доехали до мосточка.

— Где горка? Где? Где? Где? Не поеду дальше! — возмущается прицеп.

Что же делать? Что же делать? Уговаривает грузовик:

— Ну-ну-ну ещё немножечко... В-в-в-вот за тем поворотом!

Едут они, едут. И чем ближе поворот, тем грузовик медленнее едет. Уже еле тащится. Что делать-то? Дорога вьётся впереди. А у грузовика колёса всё трудней крутятся, совсем ехать не может. Зачем пообещал? Сам себя завёл в тупик. Остановится прицеп — как он дальше ёлку повезёт? Нет ведь горки за поворотом.

Поворачивает грузовик, а впереди...

...ГОРКА!

— **Ура! Горка! Горка!** — радуется прицеп.

А грузовик фарам своим не верит: никогда здесь горки не было. Неужели с пути сбился? Что же делать? Надо ёлку быстрее везти. Такой снегопад — уже задержались.

«Вот же пообещал... Зачем?» — думает грузовик.

— **Ёлку крепче держи,** — рыкнул грузовик и поехал в гору.

Поднимается грузовик вверх-вверх-вверх.
И прицеп за ним вверх-вверх-вверх.

А красная тряпочка на ёлке — кач-кач-кач.

У-у-у-у-у! — страшно гудит двигатель грузовика.

У-у-у-у-у! — как тяжело! Ещё совсем немножечко осталось…

Ох! Поднялись на самую вершину.

Вот так красота!

Смотрит грузовик, смотрит прицеп, и даже новогодняя ёлка поглядывает: внизу город огоньками светится, мерцает, как новогодняя гирлянда. Грузовик сначала обрадовался — город близко, а потом расстроился — это значит, что уже стемнело.

А ёлку ещё не привезли.

Спускается грузовик с горы медленно, осторожно. А прицеп сзади подталкивает:

— Скорее! Скорее! С ветерком!

И тут грузовик поскользнулся.

— а-а-а-а-а-а! — кричит грузовик.

— о-о-о-о-о-о-о! — кричит прицеп.

Несёт их вниз на самой большой скорости! Снег по фарам бьёт!

Ой-ой-ой!

Одно колесо съехало с дороги и потащило их правее, правее.

А потом — Бах!

И ТЕМНОТА.

Очнулся грузовик. Очнулся прицеп. Хочет грузовик пошевелиться и не может. Лежит на боку. Двигатель заглох. Только фары светятся. А снег всё сыплет и сыплет.

— Как ты там, прицеп? — спрашивает грузовик.

— Ох, живой, — отвечает прицеп.

Вспоминает грузовик: «У меня же рация есть!»

— Приём! Это грузовик! Это прицеп! Попали в аварию под горой. Просим о помощи!

— Шшшшш... — шипит рация в ответ.

А снег всё идёт и идёт. Холод пробирается глубже и глубже. Замерзают грузовик с прицепом.

— Приём! Приём! Это грузовик! Это прицеп! Помогите! Авария!

— Шшшшш... Нет ответа грузовику.

А снег всё идёт и идёт.

— Приём! — в отчаянии шепчет грузовик. — Приём! Помогите!

Коченеет у грузовика кабина, и холод уже пробирается к самому двигателю.

— Шшшшш... Никто его не слышит.

«Бедный-бедный мой прицеп, — думает грузовик. — И ёлку не привёз... Сегодня Новый год».

И фары светят слабее и слабее. Кругом ночь и метель. И снегопад.

И засыпает снегом грузовик и прицеп. И засыпает прицеп. И грузовик засыпает.

Теперь их до весны никто не найдёт.

А как же ёлка?
Город останется без ёлки?
Сегодня Новый год!

БИ-БИ-БИ! — прорывается звук сквозь мрак издалека-издалека. Это фура и тягач. Они поймали сигнал рации.

Но грузовик не услышал их ответа.

Грузовику уже всё равно. И прицепу ни до чего нет дела. Они превратились в большой сугроб. Только красная тряпочка на верхушке ёлки полощется на ветру.

БИ-БИ! — подобрались к грузовику с прицепом фура и тягач. Тросами — раз, два, три — потянули-потянули грузовик, потянули-потянули…

И грузовик — бумс! — встал на колёса, а за ним и прицеп, а сверху ёлка. И снег с них осыпался.

ЧИК-ЧИК! — подсоединила фура к аккумулятору проводки, чтобы зарядить. Зарядился аккумулятор.

УУУРРРР! — завёлся мотор у грузовика, и грузовик очнулся. Отогрелся. И прицеп проснулся.

— Спасибо, фура! Спасибо, тягач! — говорят грузовик с прицепом.

И поехали они в город осторожно. Держатся крепко друг за друга. А за ними фура — она подарки в город везёт. Тоже опаздывает. А тягач их сопровождает.

— Я завтра встану рано-рано, — говорит прицеп.

— Я летом тебя обязательно с горки прокачу, — говорит грузовик.

А в городе уже отчаялись увидеть новогоднюю ёлку. А в городе все толпятся на центральной площади — и люди, и машины. Дед Мороз бегает кругами, хватается за голову, борода на плече: «Что же делать?!» Уже двенадцать часов скоро.

Ёлки нет, подарков нет.

Би-би! — Это тягач с проблесковым маячком. И все расступаются в стороны. А за ним грузовик с прицепом едут. Ёлку везут. Красная тряпочка на верхушке — **кач-кач** — над дорогой. А за ними фура с подарками.

Приехал автокран и поднял ёлку. Закрепили её на подставке.

— **Ого!** — воскликнули грузовик с прицепом.

— Раз! Два! Три! Ёлочка, гори! — стукнул Дед Мороз посохом, и — вот чудеса — ёлка вся засияла огнями. И грузовик с прицепом тоже!

Бьют часы на городской площади.

Бам! 8
Бам! 9
Бам! 10
Бам! 11
Бам! 12
Взрываются салюты!
Бабах!
абах!
Бабах!
С Новым годом!

Гараж
Сугробы
Кочка
Следы
Питомник
Лыжня
Обо